A Kalmus Classic Edition

Béla

BARTÓK

SKETCHES

Opus 9

FOR PIANO

K 03138

Kalmus

Sketches

I.

(Portrait of a Girl)

Béla Bartók, Op. 9

Sostenuto.
molto espr.
mf
mf
mf
mf
pp ma
sempre molto espressivo
sempre cresc. e poco a poco allargando
8
8
(lunga)
f
Poco meno mosso.
poco espr.
p
3
3
rit.
a tempo
3
p semplice
(non ritardando)

II.

(See-saw. . .)

Commodo. ♪ = 125
p
mp
mf
molto dim.
p
pp
poco rit.
8
ppp
a tempo
mf
non legato
dim.
rit.
p
mp cresc.
f

III.

Lento. ♩ = 62 - 58
p
mf
mf
mp
p
tr
tr
poco stringendo
p
molto cresc.
f
sempre
dim.
a tempo
dolce
poco rit.
pp sempre
molto
f
p

IV.

Non troppo lento. ♩= 54 - 50
p dolce
mp
p
poco a poco più sosten.
cresc.
poco f
f
rubato
molto sostenuto
mf
cresc.
molto ritard.
tr
6
15
f

a tempo
mf
dim.
poco rit.
sostenuto molto e ritardando
mf
cresc.
f
a tempo
mf
dim.
p
Tempo I.
mf
(sonore)
p
mp
p

mf
mp
p
mf
mp
mf
p
sf
f
dim.
mp

più p
poco f
p
sostenuto
poco rub.
12
cresc. mf dim.
mp
13
cresc. f dim.
molto sostenuto
mp
21
a tempo
mp
mf
espr.
poco rit.
f
dim.
a tempo
mezza voce
morendo

V.

(Roumanian Folksong)*

*From the district near the village of Belényes.

VI.

(Roumanian)

VII.

9/8
Poco lento. (♩. = 54 - 50)
p
p
espr
più p
mp
6/8
p
più p
espr.
espr.
6/8 + 2/4
mp
mp
p

poco cresc.
dim.
mp espr.
mp espr.
poco f
mf
mp

Kalmus